Élisabeth Brami • Estelle Billon-Spagnol

LA DÉCLARATION DES DROITS DES FILLES

Les filles comme les garçons ont :

∽ ARTICLE 1 ∽

le droit d'être débraillées, ébouriffées, écorchées, agitées...

HOUPLAAA

~ ARTICLE 2 ~

le droit de jouer aux billes,
aux voitures, aux fusées, au circuit,
aux jeux vidéo...

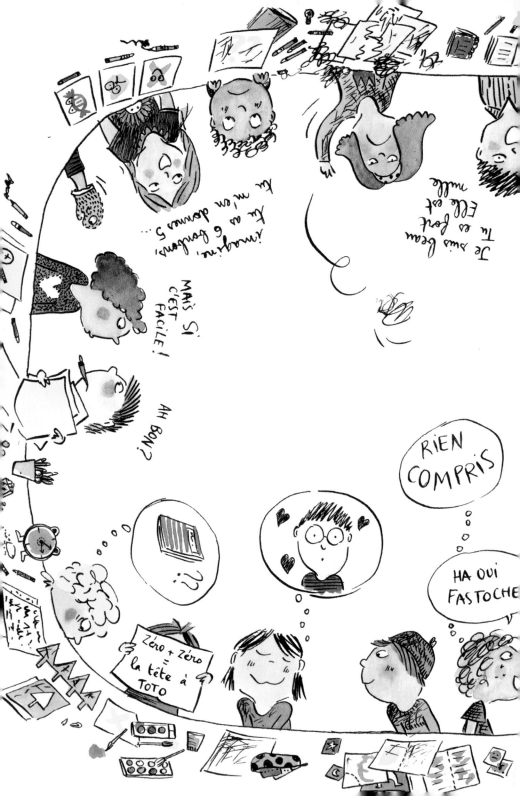

~ ARTICLE 3 ~

le droit d'être fortes en maths
et pas géniales en français.

~ ARTICLE 4 ~

le droit de grimper aux arbres,
construire des cabanes, escalader
des barrières.

le droit de porter des baskets,
des blousons, des salopettes,
des bermudas, des casquettes...

~ ARTICLE 6 ~

le droit de porter
du bleu, du noir, du kaki
et toutes les couleurs
du monde.

le droit de choisir le métier
qu'elles veulent : conductrice de camion,
astronaute, commissaire de police,
juge, directrice d'usine, présidente de
la République, sculptrice, chirurgienne...

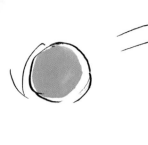

∾ ARTICLE 8 ∾

le droit de s'inscrire au judo, au tir à l'arc,
à la boxe, au foot, à l'escrime...

PIF POF
PIF
PAF
DANS LE MILLE!
SCHTONG
BON ON Y VA ?!
OUAIS!
EN RETARD CARTON ROUGE!
J'sais pas quoi choisir...
AAARGH
J'AI!

~ ARTICLE 9 ~

le droit de lire des livres policiers,
d'aventures, d'horreur et d'aimer
avoir peur au cinéma.

~ ARTICLE 10 ~

le droit de hurler, se défendre,
se bagarrer, se mettre en colère, sans
se faire traiter de « garçon manqué ».

～ ARTICLE 11 ～

le droit de ne savoir ni coudre,
ni tricoter, ni ranger.

le droit d'être dégoûtées quand on change
ou qu'on mouche un bébé.

~ **ARTICLE 13** ~

le droit d'avoir les cheveux
coupés très court.

le droit de ne pas être tous les jours des princesses.

∽ ARTICLE 15 ∼

le droit d'aimer qui elles préfèrent :
garçon ou fille (ou les deux).

Pour Irena Milewska, femme libre.

E. Brami

Conception graphique : Alice Nussbaum

ISBN : 978-2-36266-106-8
Loi n° 49-956 du 16 juillet 1949 sur les publications destinées à la jeunesse
Dépôt légal : mars 2014
Achevé d'imprimer en Italie par Ercom